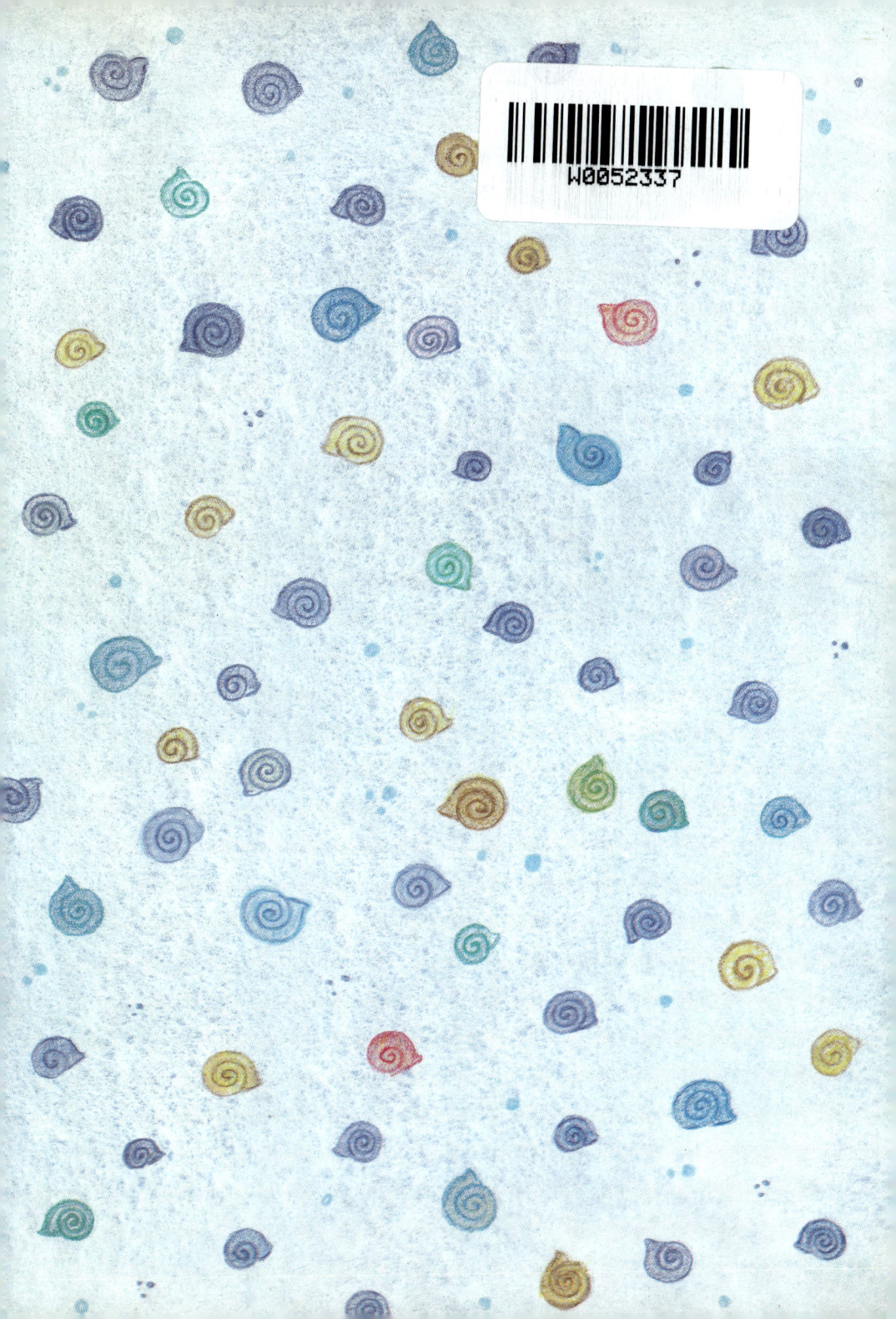
W0052337

Anne Steinwart

Der verhexte Einkaufstag

Mit Bildern von Julia Wittkamp

Loewe

Die Deutsche Bibliothek – CIP-Einheitsaufnahme

Steinwart, Anne:
Der verhexte Einkaufstag / Anne Steinwart.
– 1. Aufl. – Bindlach : Loewe, 1998
(Lesefant)
ISBN 3-7855-3079-X

Dieses Buch ist auf chlorfrei gebleichtem Papier gedruckt.

ISBN 3-7855-3079-X – 1. Auflage 1998
© 1998 Loewe Verlag GmbH, Bindlach
Umschlagillustration: Julia Wittkamp
Satz: Leingärtner, Nabburg

Inhalt

Mama merkt nichts

In der Küche ist es still.
Katrin und Mama haben
gerade gefrühstückt.
Mama studiert jetzt
die Werbung in der Zeitung.
Schon zum zweiten Mal
heute Morgen!

Katrin taucht einen Finger
in die Marmelade
und verziert ihren Teller
mit winzigen Klecksen.
Mama merkt nichts.
Katrin beobachtet sie
aus den Augenwinkeln.
„Kann ich zu Hause bleiben?",
fragt sie nach einer Weile.

10

„Nein",
sagt Mama.
„Du fährst mit.
Räum bitte das Geschirr
in die Spülmaschine.
Und trödele nicht herum!"
Katrin schluckt und räumt
den Tisch ab.
Sie trägt jedes Teil
einzeln durch die Küche.

Mama bleibt am Tisch sitzen
und schreibt
ihre Einkaufsliste.
Für den Supermarkt.
Jeden dritten Sonnabend
im Monat
macht Mama dort
einen Großeinkauf.
Und Katrin muss jedes Mal mit.
Ob sie will oder nicht.
Sie soll Mama helfen.
Doch dazu kommt Katrin
gar nicht.
Mama rast immer
in einem Affentempo
kreuz und quer
durch den Laden.

Nichts geht ihr schnell genug.
Und nichts ist ihr
preiswert genug.
Mama macht Katrin
im Supermarkt ganz verrückt.
Es ist jedes Mal dasselbe!
Katrin seufzt.
Sie hat schulfrei
und draußen ist
allerbestes Frühlingswetter.

Wenn doch dieser blöde Einkauf
nicht wäre!
Die Sonne malt Kringel
auf den Küchentisch.
Sehnsüchtig schaut Katrin
aus dem Fenster.

„Darf ich nach der Einkauferei
draußen spielen?",
fragt sie.
Mama antwortet nicht.

14

Mama ist in Gedanken
schon im Supermarkt.
„Die Sonne scheint",
sagt Katrin laut.
„Ich will nachher draußen
mit Micha spielen."
Micha wohnt drei Häuser weiter
und sitzt in der Schule
neben Katrin.

Ab und zu nimmt er sie
zu seinem Opa mit.
Michas Opa hat einen Garten
mit vielen Bäumen.
Einige davon sind
supertolle Kletterbäume.
„Ich will nachher
mit Micha spielen",
sagt Katrin noch einmal.
„Darf ich?"
Mama nickt.
Aber es sieht nicht so aus,
als habe sie zugehört.
Katrin wirft ihr grimmige Blicke zu.
Mama guckt gar nicht.
Sie kritzelt wie wild
an ihrer Liste.

„Uff",
sagt sie nun.
„Das war's wohl.
Wir können.
Mach dich startbereit."
Katrin geht in ihr Zimmer
und holt ihren Lieblingsflummi,
einen winzigen,
bunten Gummiball.

Der muss mit,
den steckt sie
in ihre Hosentasche.

„Nun mach schon",
drängt Mama
und deutet auf Katrins
Sockenfüße.
„Zieh deine Schuhe an."
Mamas Stimme klingt ungeduldig.
Sehr ungeduldig!
Katrin kratzt sich
am großen Zeh.
„Ich warte",
sagt Mama spitz.
Katrin zieht langsam
die Schuhe an.
Sehr langsam!
„Willst du mich ärgern?",
fragt Mama und klimpert
mit den Autoschlüsseln.

18

Jawohl, denkt Katrin.

Das will ich.

Du ärgerst mich ja auch!

„Eine Schnecke ist
schneller als du",
knurrt Mama.

„Ich warte im Auto."

Die Tür schlägt
hinter ihr zu.

Katrin stampft
mit dem Fuß auf.
Mama spinnt!
Eine Schnecke ist
schneller als du!
Pah!
Mama spinnt total!

Katrin beeilt sich
nun extra nicht.
Sie zieht ihre Schuhe
noch einmal aus
und wieder an.
Sie geht zum Kühlschrank
und trinkt Orangensaft.

Sie nascht
von der Kirschmarmelade
und vom Honig.
Sie stellt sich im Flur
vor den Spiegel
und zieht eine Grimasse.
Katrin hat Zeit.
Heute ist
schließlich schulfrei.
Als sie ungefähr
eine Viertelstunde später
ins Auto steigt,
sagt Mama
kein einziges Wort.
Auch während der Fahrt nicht.
Aber ihre Augen
blitzen gefährlich.

Riesenschritte

Im Supermarkt stehen schon
lange Schlangen an den Kassen.
Mama schnappt sich
einen großen Einkaufswagen
und schaut sich nervös um.
Dann düst sie los.

Super
1,98

Katrin macht Riesenschritte,
um an ihrer Seite zu bleiben.
Als Erstes steuert Mama
auf die Sonderangebote zu.

Die sind immer
schnell ausverkauft.
Heute soll es
besonders preiswerte Erbsen
geben.

24

Die Sorte *Extra fein.*
Zum halben Preis.
Davon hat Mama schon
beim Frühstück gesprochen.
Zwölf Dosen will sie kaufen.

Zwischen den verschiedenen,
hoch aufgestapelten
Tagesangeboten
steht nur noch
eine einzige
Erbsendose.

Mama packt sie ärgerlich
in ihren Wagen.
„Du bist schuld",
sagt sie zu Katrin.
„Du mit deiner Trödelei.
Ich hätte einen guten Fang
machen können."
Katrin stellt sich vor,
wie Erbsenfang
aussehen könnte.
Sie sieht tausend und mehr
extra feine grüne Erbsen
durch die Luft fliegen.
Sie sieht Mama
mit einem Schmetterlingsnetz
in der Hand hüpfen und springen
und Erbsen einfangen.

Ein Superspaß wäre das.
Ein neues Spiel!
„Extra fein
zum halben Preis"
könnte man es nennen.

Katrin kichert.
„Hör auf zu lachen",
knurrt Mama.
„Und geh mal
einen Schritt schneller!"
Katrin kneift
ihre Lippen zusammen
und läuft beleidigt
hinter Mama her.
Vom Backpulver zum Blumenkohl,
von Margarinetöpfen
zu Zahnpastatuben,
zum Milchreis
und zum Apfelmus.
Der Großeinkauf ist heute
noch schrecklicher als sonst.
Mama ist nicht zu bremsen.

Einmal stößt sie
mit ihrem Wagen sogar
an einen hohen Turm
von Waschpulvertonnen.
Der Turm schwankt.
Katrin hält ihn
mit Armen
und Händen fest.

2,39

Mama kriegt davon
gar nichts mit.
Sie wird immer schneller
und rast kreuz und quer
durch alle Gänge.
Zum Schluss biegt sie ab
in die Käseabteilung.
Dorthin will Katrin
auf keinen Fall.
Dort stinkt es.

Deshalb bleibt Katrin
ein Stückchen zurück.
Kurz entschlossen angelt sie
den Flummi
aus der Hosentasche,
lässt ihn springen,
fängt ihn auf
und lässt ihn
noch mal springen.
Immer wieder.
Bis er – wutsch –
unter ein Regal rollt.
Blitzschnell liegt Katrin
platt auf dem Boden.
Von dem kleinen Gummiball
ist nichts zu sehen.
So ein Mist!

Katrins allerbester Flummi!
Keiner ist so schön
wie dieser.
Sie muss ihn wieder finden!

Schneckentempo

Mama guckt um die Ecke.
„Ein bisschen Tempo,
du Schnecke!",
sagt sie genervt.
„Was treibst du da unten?"
Katrin rührt sich nicht vom Fleck.
Sie starrt Mama nur an.
Supermarktfrau,
denkt sie.
Blöde Supermarktfrau!
Und dann kriegt sie
eine furchtbare Wut.
Ein bisschen Tempo,
du Schnecke!

Was fällt Mama heute
bloß ein?
Katrin spürt,
dass sie anfängt zu zittern.
Vor lauter Wut.

So wütend war sie noch nie.
Noch nie im Leben!
Und noch niemals
war Mama so gemein wie heute.
Ein bisschen Tempo,
du Schnecke!
Das wird sie nicht
noch einmal sagen.

In hundert Jahren nicht!
Katrin schließt die Augen.
In ihrem Kopf blitzt es.
Es knistert richtig.
Die Geräusche
um Katrin herum
rücken weit weg.
Mit aller Kraft zieht Katrin
sich zusammen.
Sie presst sich
ganz fest auf den Boden.
Ihre Haut wird runzlig
und klebrig.
Aus ihrem Kopf wachsen
kleine Hörner,
die sich strecken und dehnen,
bis sie lang und dünn sind.

Zwei Schneckenfühler,
mit denen Katrin tasten
und sehen kann.
Aus ihrem Rücken drückt sich
ein kleiner Buckel.
Er wird fest und groß.
Ein Schneckenhaus,
ein Versteck für alle Fälle!
Katrin hat sich
in eine Schnecke verwandelt.
Ohne Hokuspokus.
Es ist einfach passiert.

Und Katrin, die Schnecke,
fühlt sich sehr stark
und sehr mutig.
Mama steht wie festgenagelt
ein paar Meter entfernt.
Katrin schiebt sich langsam
in ihre Richtung.

Sie kriecht vorwärts,
bewegt ihre Fühler
und lässt Mama nicht
aus den Augen.
Die starrt sie
mit offenem Mund an.
So, als wollte sie sagen:
Das gibt es doch nicht!
Das kann doch nicht sein!
Aber so etwas sagt sie nicht.
„Mach kein Theater",
sagt sie stattdessen.
„Steh sofort auf!"
Katrin antwortet nichts.
Sie reckt stolz ihren Kopf
und kriecht weiter.
Im Schneckentempo.

Mama kapiert alles

Neben Mama bleiben
zwei andere Kunden stehen.
Eine Frau
mit schwarzen Kringellocken
und ein Mann mit einer Glatze
und einem Schnauzbart.
Beide beobachten Katrin.

Die Lockenfrau zupft
an ihrem Ohrring
und schmunzelt.
Der Mann zupft
an seinem Schnauzbart
und schüttelt den Kopf.
Dann guckt er Mama
vorwurfsvoll an.

Die beachtet ihn gar nicht.

Sie guckt nur zu Katrin.

Aber anders als vorhin.

Sehr nachdenklich.

Mit zwei Falten über der Nase.

Was sie wohl denkt?

Das wüsste Katrin zu gerne.
Plötzlich taucht hinter Mama
ein Verkäufer auf.
Er schiebt einen Rollwagen
voller Kartons vor sich her
und ruft:
„Achtung!"

Die Lockenfrau
und der Mann mit der Glatze
gehen zur Seite.
Mama bewegt sich nicht
von der Stelle.
Keinen Zentimeter.

Der Verkäufer schaut sie
unfreundlich an.
Er ist mindestens
zwei Meter groß.
Mama sieht vor ihm
viel kleiner aus,
als sie ist.
Ja, klein und zart
sieht sie aus.
Und sie macht ihr Aha-Gesicht.

Als würde sie langsam
etwas Wichtiges begreifen.
Was um sie herum passiert,
scheint sie
nicht zu interessieren.
Inzwischen sind
noch mehr Kunden
stehen geblieben.

Manche verdrehen die Augen.

Manche tuscheln miteinander.

Andere verziehen
keine Miene.

Alle warten ab.

Alle wollen sehen,
wie diese Geschichte ausgeht.

So etwas haben sie
im Supermarkt noch nie erlebt.

46

Der Verkäufer schiebt nun
seinen Rollwagen
an Mama vorbei.
Das schafft er so grade.
Anschließend guckt er böse
auf Katrin hinunter.
„Steh sofort auf!",
sagt er.

„Und zwar dalli-dalli.
Der Supermarkt
ist kein Spielplatz!"
Katrin sagt keinen Ton.
Sie bleibt platt
mitten im Gang liegen.
Sie ist eine Schnecke.

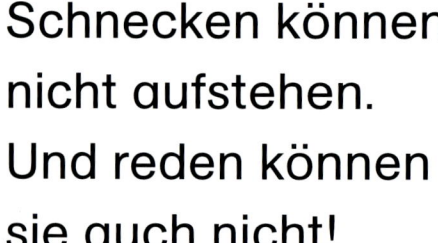

Schnecken können
nicht aufstehen.
Und reden können
sie auch nicht!

48

„Wenn du nicht augenblicklich
hier verschwindest",
sagt der Verkäufer drohend,
„dann ..."
Da ist Mama mit einem Satz
neben Katrin.
„Dann?",
fragt sie den Verkäufer.
„Was passiert dann?"

Während sie das fragt,
stellt sie sich
auf die Zehenspitzen.
Katrin sieht es genau.
„Gehören Sie zusammen?",
fragt der Verkäufer.
„Sie und dieses Kriechkind?"
Mama lächelt.
„So ist es",
sagt sie.
„Wir gehören zusammen.
Darf ich Ihnen
meine Tochter Katrin
vorstellen?"
Der Verkäufer ist
ganz verdattert.
Er sagt gar nichts mehr.

Er hält nur seine Brille fest.
Die rutscht ihm
fast von der Nase.

Mama hockt sich zu Katrin
und guckt sie ernst an.
„Es tut mir Leid",
flüstert sie.
„Ich will nie wieder
so schlimm sein.
In hundert Jahren nicht!"

Sie berührt Katrin
sehr vorsichtig.
Sie haucht sie an
und streichelt ihren Kopf.
„Sei wieder Katrin",
flüstert sie noch leiser.

„Sonst heule ich",
fügt sie hinzu
und plinkert mit den Augen.
Katrin plinkert zurück.
Mama hat alles kapiert!
Hurra!

Jetzt will Katrin
wieder Katrin sein.
Jetzt sofort!
Sie holt einmal tief Luft.
Sie streckt sich lang aus
und dehnt sich
mit aller Kraft …
Das Schneckenhaus wird leicht
und leichter.
Es schrumpft zusammen
und verschwindet
in ihrem Rücken.

Die Fühler
ziehen sich zurück.
Einer nach dem anderen.
Katrins Kopf bekommt
wieder Haare.
Die Haut fühlt sich
wieder normal an.
Katrins Körper bekommt
wieder Beine,
Arme, Füße und Hände.
Alles,
was Katrin braucht.
Sie ist wieder Katrin!
Es ist einfach geschehen.
Ohne Hokuspokus.
Es hat nur überall
ein bisschen gekribbelt.

Die Zuschauer klatschen
begeistert Beifall
und sehen sehr zufrieden aus.
Der Mann mit dem Schnauzbart
macht ein feierliches Gesicht.

Die Frau
mit den schwarzen Locken
lacht laut los.
Katrin steht auf
und zieht Mama mit hoch.
„Mein Flummi ist
unter die Regale gerollt.
Hilfst du mir suchen?"
Mama nickt
und drückt Katrins Hand.
Mit der anderen
gibt sie dem Verkäufer
ein Zeichen,
dass er weiterfahren soll.
„Die Vorstellung ist zu Ende",
sagt sie zu ihm
und den Zuschauern.

Dabei macht sie
eine schicke Verbeugung.
Dann legt sie sich
mit Katrin zusammen
platt auf den Boden.

Anne Steinwart, 1945 in Steinheim geboren und aufgewachsen, war ein richtiger Bücherwurm. Dass sie selber Autorin wurde, kommt ihr heute noch abenteuerlich vor. Die ehemalige Rechtsanwaltsgehilfin schrieb viele Jahre „in die Schublade" – bis die Zeitschrift „Brigitte" 1984 einen ersten Sammelband ihrer Gedichte herausgab. Inzwischen erschienen ein zweiter Gedichtband und mehrere Kinderbücher. Seit 1988 arbeitet Anne Steinwart als freie Autorin.

Julia Wittkamp wurde 1970 in Lüdinghausen geboren. Nach Abschluss ihrer Ausbildung an der Fachoberschule für Gestaltung in Münster machte sie sich selbstständig. Seit 1989 illustriert sie mit großem Vergnügen Kinderbücher.

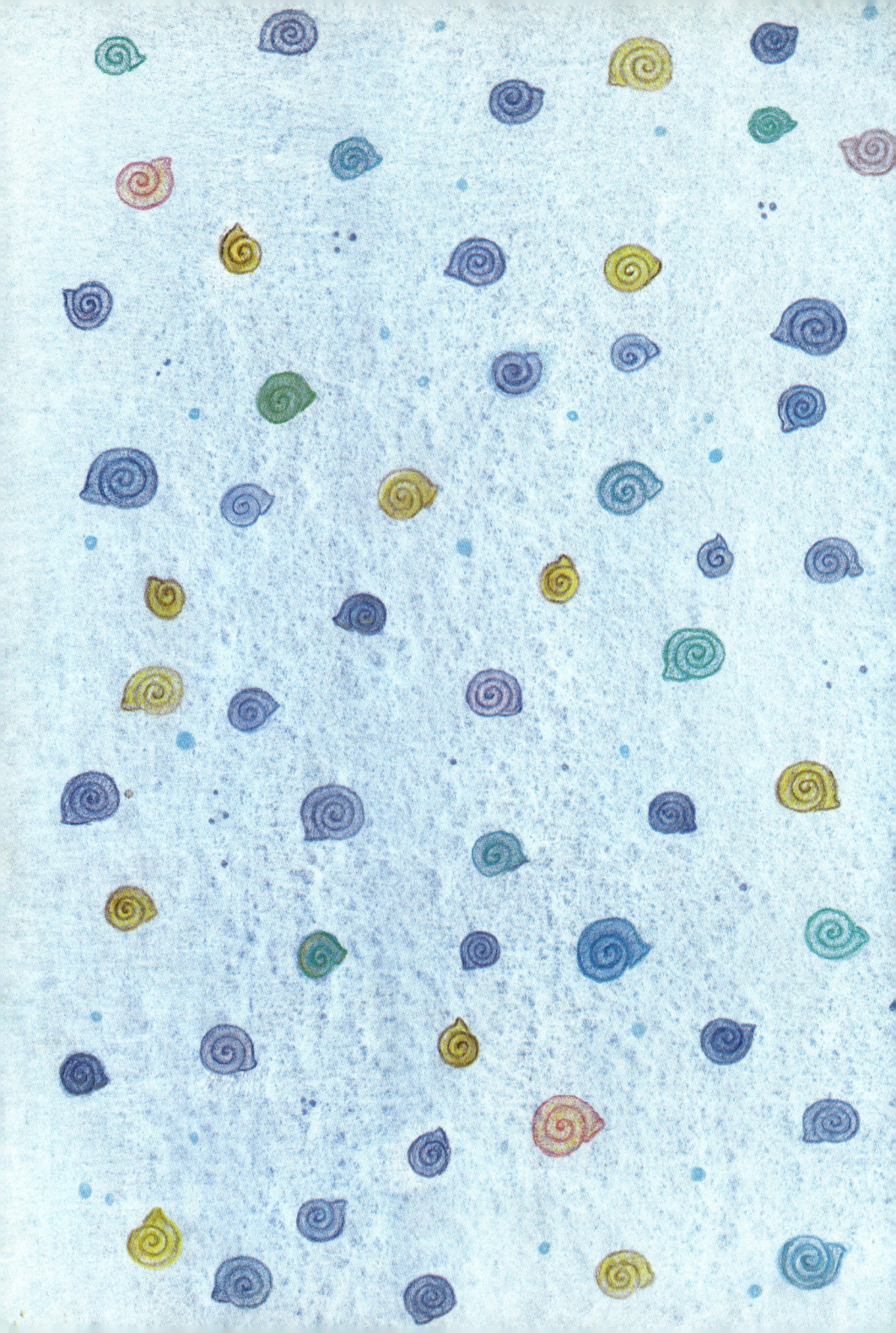